AF268279

DISCOURS

DE

M. LE DUC D'AUDIFFRET-PASQUIER

PRONONCÉ LE 23 AOUT 1888

A l'Hôtel Continental, à l'occasion de l'anniversaire de la naissance

de Mgr le Comte de Paris

PARIS

LIBRAIRIE NATIONALE

104, AVENUE VICTOR-HUGO, 104

—

1888

DISCOURS

DE

M. LE DUC D'AUDIFFRET-PASQUIER

PRONONCÉ LE 23 AOUT 1888

A L'HÔTEL CONTINENTAL, A L'OCCASION DE LA NAISSANCE

DE M͏ᵉʳ LE COMTE DE PARIS

———◦⁓◦———

Le jeudi 23 août 1888 avait lieu, dans les salons de l'Hôtel Continental, un grand banquet pour fêter l'anniversaire de la naissance de Monsieur le Comte de Paris.

Trois cents convives se sont assis aux tables préparées dans la grande galerie de l'hôtel, et, si l'emplacement n'eût limité forcément le nombre des assistants, le comité organisateur n'eût pas eu le regret de refuser un nombre considérable de personnes qui s'étaient fait inscrire trop tard.

La nombreuse assemblée d'hier soir comprenait, il faut le noter avec soin, en dehors des notabilités politiques, anciens ministres, anciens membres de nos assemblées, députés, membres du conseil municipal, anciens magistrats, représentants de la presse monarchique, de nombreux représentants de la grande industrie, du haut commerce, de la finance, et aussi des contremaîtres et des ouvriers de nos principales manufactures, qui avaient tenu à associer le travail à cette fête de la fidélité politique et des espérances nationales. C'était de la part de ces ouvriers, dont quelques-uns se sont rendus il y a quelques jours à Sheen-House, et de ces chefs de maisons de commerce, de ces industriels, une manifestation imposante que nous signalons avec joie.

La grande galerie étincelait de lumières. Des trophées de drapeaux tricolores étaient accrochés aux colonnes, et sur un socle élevé avait été placé le buste de Monsieur le Comte de Paris, sculpté par Maubach.

Le banquet était présidé par M. le duc d'Audiffret-Pasquier, sénateur, ayant à sa droite M. Ferdinand Duval, ancien préfet de la Seine, conseiller municipal de Paris, et à sa gauche M. Edouard Hervé, de l'Académie Française, directeur du *Soleil.*

A l'issue du banquet, M. le duc d'Audiffret-Pasquier s'est levé, et d'un ton vibrant, avec une émotion que partageaient tous les assistants, il a prononcé le remarquable discours dont voici le texte :

Messieurs,

Il y a des jours où les préoccupations habituelles de la vie sont suspendues; une date évoque de vieux souvenirs, et notre pensée remonte le cours des années écoulées.

Tel est l'anniversaire qui nous réunit aujourd'hui.

Il y a cinquante ans, à pareil jour, le canon retentissait, annonçant une bonne nouvelle, le cœur de la grande cité battait plus vite, la ville de Paris envoyait ses représentants saluer au palais des Tuileries le Prince qui devait porter son nom. Heures heureuses où la joie déborde, où nul ne peut prévoir les tristesses prochaines.

Que de souhaits de bonheur entouraient ce berceau! De tous les dons que les bonnes fées apportaient au royal enfant, un surtout devait lui être utile : la hauteur d'âme qui donne la force dans l'épreuve, la dignité dans le malheur.

Après de si longues années passées dans l'exil, c'est encore dans un exil immérité que nous devons porter nos hommages au chef de la maison de France. Plus les désillusions et les mécomptes se sont accumulés, plus nos alarmes sont devenues vives, plus nous avons besoin de nous serrer autour de lui, demandant au principe qu'il représente la sécurité qui nous manque.

Que reste-t-il de la Constitution de 1875? Le flot des délations a fait monter le scandale jusqu'au palais de l'Élysée; le chef de l'État en a été chassé, emportant avec lui le principe de l'irresponsabilité présidentielle et livrant son successeur aux hasards d'une coalition parlementaire.

Sous un gouvernement qui prétend ne relever que de la volonté populaire, on a retiré à la France le droit de disposer de ses destinées; enfin, la composition comme le mode du recrutement du Sénat ont été modifiés.

Tout cela ne suffit pas aujourd'hui.

Les crises ministérielles se succèdent imprévues, inexpliquées; le pouvoir a passé des mains des républicains modérés aux mains des radicaux; une nouvelle revision est promise; le ministère la réclame avec une ardeur égale à la nôtre, donnant le spectacle singulier d'un gouvernement décriant les institutions qu'il doit défendre, et jetant lambeau par lambeau aux passions révolutionnaires la Constitution confiée à sa garde.

Au moment où la fortune publique est compromise, où devant les déficits accumulés l'établissement du budget est un problème insoluble contre lequel les commissions, les ministères, se heurtent et se brisent, au moment où il semblerait logique de faire appel à toutes les compétences, on n'a d'autre souci que de retirer au Sénat les quelques heures qu'on lui laissait encore pour examiner les finances de l'État; on veut faire taire à l'avenir une voix devenue importune.

Avec un président de la République sans autorité, un Sénat amoindri, un ministère dominé par les passions qu'il a déchaînées, mesurez, Messieurs, l'espace qui nous sépare de la tyrannie d'une Assemblée unique, de la Convention, de la Commune.

Au milieu de l'effrayante instabilité des pouvoirs publics, sommes-nous au moins défendus par une magistrature indépendante? Non.

Nous avons vu nos princes jetés en exil sans motifs, sans défense possible; nous avons vu déchirer la charte de l'armée qui donne à l'officier la propriété inviolable de son grade.

Il y a peu de jours, nous avons vu la saisie administrative, les perquisitions illégales, la violation du secret de la correspondance privée, tout cela au nom de la raison d'État, du droit supérieur de la haute police; grands mots qui cachent mal l'arbitaire, l'illégalité, le déni de justice. Tout cela pratiqué par des hommes qui, sous l'Empire, signaient les plus éloquentes protestations et qui, aujourd'hui, aux abus du pouvoir joignent le scandale de l'apostasie.

Wilson a été acquitté, les fonctionnaires qui avaient si complaisamment châtré le dossier ont été récompensés Puis arrive la plaisante aventure du substitut tombé en disgrâce pour avoir fait exécuter un arrêt de la justice. Le délit était flagrant, le maire de Carcassonne justement condamné, le ministre de la justice le reconnaît, mais c'était un maire républicain nommé par une ville républicaine.

Il a dit, cet étonnant successeur des Malesherbes, des Martignac, des Portalis et des Dufaure : S'il s'agit d'un odieux trafic des emplois publics, de fraudes portant atteinte au suffrage universel, si les coupables sont républicains, le Code est muet, les magistrats désarmés.

Oui, dans ce pays affamé de justice et d'égalité, il y a des hommes que la loi ne peut protéger, il y a des hommes que la loi ne peut atteindre !

Égalité et justice pour tous ! nous ne voulons pas de privilèges pour nous, nous n'en voulons pas contre nous. Nos indignations n'ont pas vieilli ; nous protestons aujourd'hui comme nous avons toujours protesté.

Nous trouvons mauvais que ce pouvoir qui nous opprime et ne nous gouverne pas subisse les arrogantes prétentions du Conseil municipal de Paris et laisse tenir en échec tous les pouvoirs publics ; nous trouvons mauvais qu'alors qu'on refuse à tous les conseils municipaux de France le droit d'intervenir au nom des pères de famille dans les questions d'enseignement, on laisse le Conseil municipal de Paris décider les programmes, choisir les livres, ériger des chaires en Sorbonne. Je sais bien qu'on a confiance dans sa vigilance pour écarter toute pensée religieuse de l'éducation de l'enfant, et pour qu'il ne coure pas risque d'entendre prononcer le nom de Dieu. Cela explique tout, excuse tout. M. le ministre de l'instruction publique n'a pas craint d'affirmer aux instituteurs réunis que leur véritable rôle, leur véritable mission était de combattre le curé, d'effacer les vieilles croyances, d'installer la guerre religieuse dans toutes les communes de France.

Le christianisme, voilà l'ennemi! Oui, car c'est l'ennemi! de toutes les servitudes, de tous les abaissements.

Écoutez la voix qui sort du Vatican, elle nous dit que la liberté est le bien le plus précieux donné à l'homme, qu'il est des droits inaliénables dont nulle puissance ne peut nous dépouiller; que les sociétés modernes reposent sur ces vérités; que si, dans ces jours malheureux, où la conscience se trouble et se déconcerte, elles semblent obscurcies ou délaissées, le sentiment chrétien proteste, il résiste et elles ne tardent pas à reprendre leur force.

Saluons, Messieurs, dans sa sereine grandeur, cette autorité qui ne s'incline ni devant César, ni devant les jacobins.

Voilà pourquoi, soutenus par nos croyances religieuses, nous restons des libéraux et repoussons la doctrine révolutionnaire qui prétend faire disparaître l'individu, la famille, la conscience, tous nos droits devant le dogme de la souveraineté du nombre.

Sous un gouvernement qui se dit uniquement occupé du bonheur du peuple, avons-nous au moins la prospérité matérielle? Je vis au milieu de populations rurales, je suis témoin de leur souffrance, de leur détresse; elles se sentent mal protégées et succombent sous le poids de charges chaque jour plus intolérables. A vous, Messieurs, qui êtes les représentants si autorisés de la grande industrie, du commerce, de la banque, à nous dire si les affaires sont prospères, si vous jouissez de la paix, de la sécurité nécessaires à leur développement. Oui, il y a dans le pays un malaise profond, indéniable, résultant de l'instabilité des pouvoirs publics, de l'absence d'autorité, de l'absence de direction, de la conviction enfin que nous avons tous que nos intérêts les plus chers sont sacrifiés à des préoccupations électorales.

Dissolution! Revision! sont les cris qui retentissent partout. On veut la convocation d'une Constituante.

Les questions sont nettement posées. Je m'en réjouis; on ne conduit pas un pays quand on n'ose pas lui dire où on le mène. Je tiens pour moi qu'en politique l'effacement c'est le suicide.

Combattons donc sous notre bannière, disons au pays qui nous sommes, ce que nous voulons. Qu'avons-nous à cacher?

Monseigneur le Comte de Paris, avec une courageuse franchise, a publié notre programme. C'est le programme de 1788, c'est le résumé des cahiers de la France moderne, nos libertés placées sous la protection d'une autorité forte, impartiale, parce qu'elle prend sa source dans la tradition nationale, dans le droit historique, dans le vieux contrat renouvelé par la volonté de la nation.

Avec quelle fermeté le programme sera suivi par notre Chef, nous pouvons le dire, nous qui connaissons son esprit élevé, son âme si droite justifiant ce mot de Madame la duchesse d'Orléans : « Paris est plus qu'une intelligence, il est une conscience. »

Laissons passer sans nous troubler les popularités éphémères dont le triomphe ne serait pas une solution ; ayons confiance dans le bon sens des électeurs. Ils ne pensent aujourd'hui qu'à protester contre un gouvernement qui les ruine ; ils n'écoutent que leurs justes colères et leurs dégoûts. Ils ne peuvent ignorer que les hommes qui proclament bien haut les droits du peuple aujourd'hui, quand ils sont parvenus au pouvoir ne pensent qu'à les supprimer. Le principe monarchique barre la route à toutes ces ambitions. Royalistes, libéraux, c'est sur ce terrain que nous devons rester et combattre. Marchons sans découragement comme sans défaillance. Les élections sont proches, organisons-nous. Une centralisation excessive nous avait déshabitués des mâles initiatives. En dehors des agents officiels, le parti conservateur ne savait plus choisir ses chefs, former ses cadres : nous avons fait de grands progrès, il en reste encore à faire. Organisons des réunions publiques, cherchons les occasions de dissiper les malentendus, les préjugés ; montrons au pays qu'on l'abuse, que la Monarchie seule peut lui donner à l'intérieur comme à l'extérieur la paix dont il a tant besoin.

Réunissons enfin de larges souscriptions pour donner à nos candidats les moyens de soutenir la lutte ; pour cette œuvre, tendons la main à toutes les bonnes volontés. Appelons à notre aide les vieux, les jeunes, les femmes aussi ; vous savez, Messieurs, de quels miracles elles sont capables lorsqu'il s'agit d'une cause qui a su émouvoir leur nature délicate et généreuse.

Quand, dans un jour de revers, Duguesclin fut aux mains des Anglais, un cri retentit dans la Bretagne tout entière : « Filez, femmes de Bretagne, Duguesclin est dans les fers ! » et les fuseaux tournaient plus vite et la rançon fut payée. Filez, femmes de France, le roi est en exil !

Aidez-nous ! la cause est digne de vous, il s'agit de vos chères croyances, de la paix de vos foyers, de l'avenir de vos fils, aidez-nous !

Le succès, tout nous le présage : le mouvement qui s'est produit aux élections de 1885, aux élections cantonales, aux élections municipales.

Nous aurons la victoire si nous nous en montrons dignes par notre confiance et notre énergie.

Et maintenant, Messieurs, choquons joyeusement nos verres ; c'est un jour heureux que le jour où est né le Chef si digne de la France, si digne de sa race, si digne de tous nos dévouements.

Buvons au jour prochain, j'en ai le ferme espoir, où les vieilles falaises normandes retentiront de nos acclamations, saluant le navire qui ramènera, avec nos chers exilés, la paix sociale, la prospérité disparue, le respect des croyances, la justice pour tous et la liberté !

Vive Monseigneur le Comte de Paris !

M. Ferdinand Duval a pris ensuite la parole pour remercier l'éminent Président de cette réunion des nobles paroles qu'il venait de prononcer. Il s'est adressé en ces termes à M. le duc d'Audiffret-Pasquier :

Messieurs,

Vous permettrez à l'un des organisateurs de cette réunion, de remercier en votre nom notre Président. Je suis un peu troublé, Messieurs, vous l'excuserez : la voix que je viens d'entendre m'a remué jusqu'au fond de l'âme.

Je la connais pourtant depuis vingt ans ; toutes les fois que la sécurité ou l'honneur de la France se sont trouvés en jeu, toutes les fois qu'un droit a été méconnu, une liberté mise en péril, le duc d'Audiffret-Pasquier s'est levé pour les défendre.

Et dans les grandes assemblées, qui se sont honorées en le plaçant à leur tête, il a donné à l'appel du patriotisme, à la défense de la liberté, à la protestation au nom du droit, la forme la plus élevée et la plus émouvante. (*Applaudissements.*)

Il y a deux ans, du haut de la tribune du Sénat, avec une éloquence indignée, il flétrissait la grande iniquité qui s'appelle la loi d'exil. Il lui appartenait aujourd'hui, comme un honneur mérité, de porter, au milieu de royalistes fidèles, la santé de l'exilé.

Remercions-le, Messieurs, d'avoir si bien compris les sentiments qui nous unissent dans une même foi et une même espérance, et d'avoir exprimé ces sentiments dans un noble langage, digne de la grande cause que nous servons, et du prince auquel nous allons adresser, à travers les mers, le témoignage de notre fidélité et de notre dévouement.

L'assemblée s'est levée aux cris mille fois répétés de : Vive Monseigneur le Comte de Paris ! On s'est porté vers les salons, où le café avait été préparé ; des groupes se sont formés, où on commentait avec bonheur le magnifique discours qu'on venait d'entendre.

L'adresse suivante a été alors rédigée et signée de tous les assistants pour être télégraphiée aussitôt à Monsieur le Comte de Paris :

« Les monarchistes réunis à l'Hôtel Continental, le 23 août 1888, prient Monseigneur le Comte de Paris de vouloir bien agréer, avec leur profond respect, l'expression de leurs vœux, de leur dévouement et de leurs espérances patriotiques. »

La réunion a pris fin à onze heures. Elle laissera un profond souvenir gravé au cœur de tous ceux qui y ont pris part.

Paris. — Imp. Warmont, Palais-Royal, 175.9.88.